Mit Teddy kochen

Ein Kinderkochbuch

Vorwort an die Eltern

Das vorliegende Buch wurde speziell für Kinder entwickelt. Es wird hier die Geschicklichkeit, die Sauberkeit, die Kreativität sowie das selbstständige Arbeiten gefördert.
Doch gibt es im Haushalt, und hier speziell in der Küche, versteckte Gefahren, die Ihr Kind noch nicht erkennen kann.
Ihr Kind sollte deshalb meistens mit Ihnen gemeinsam kochen.
Ebenfalls sollte Ihr Kind von Ihnen während des gemeinsamen Kochens auf die Gefahren des Haushalts und der Küche aufmerksam gemacht werden.
Und gemeinsam mit einem Erwachsenen macht ja Kochen noch mehr Spaß!
Nicht nur den Kindern.

Der Verlag

Vorwort an die Kinder

In diesem Buch findest du viele Rezepte, die du entweder alleine oder mit einem Erwachsenen kochen kannst.
Die kleine Uhr sagt dir, wie lange du für dieses Rezept brauchen wirst.
Die einfachen Schritt-für-Schritt-Erklärungen und die liebevollen Zeichnungen helfen dir, jedes Rezept zu verstehen.
Die grünen Texte sind Tips und Tricks. Bei den roten Texten, wende dich bitte an einen Erwachsenen.
Ebenso kannst du jede Speise nach deinem Geschmack umändern.

Und jetzt viel Spaß und gutes Gelingen!

Der Verlag

Illustrationen: Petra Hager
Rezeptzusammenstellung: Petra Hager

Gesamtherstellung: Der Graph, Wien
Printed in Slovenia

Mit Teddy kochen

Ein Kinderkochbuch

Kochen mit Kindern,
Schritt für Schritt

tosa

Inhalt

Suppen

Salate

Snacks

Hauptspeisen

Desserts

Teddys Gemüsesuppe "Bella Italia"

Zutaten für  Bären

1 Suppentasse voll Blumenkohl
2 Möhren, 1 Zwiebel
4 EL Erbsen, 2 EL Mais
1 Brühwürfel, 2 EL Olivenöl
1 TL Tomatenmark
1 EL saure Sahne
1 Knoblauchzehe
Salz, Pfeffer
Petersilie
Majoran

45 Minuten

1 Möhren mit dem Gemüseschäler putzen und in Scheiben schneiden;
Zwiebel schälen und in nicht zu kleine Würfel teilen;
Blumenkohl in einzelne "Röschen" teilen und waschen.
Erbsen und Mais (egal ob sie aus der Dose kommen oder tiefgekühlt sind) in einem Sieb abschwemmen.

2 In einem Kochtopf das Olivenöl erhitzen und als erstes nur die Möhren und Zwiebel darin abbraten - die haben nämlich die längste Garzeit.
VORSICHT: es darf nichts braun werden!

3 Blumenkohl, Erbsen und Mais hinzufügen und mit Pfeffer, Salz, Majoran und dem gepressten Knoblauch würzen.

4 Verrühre das Tomatenmark mit etwas Wasser (damit es sich im Kochtopf besser verteilen lässt) und mische es unter das Gemüse.

5 Mit 1 ½ l Wasser aufgießen;
sobald es kocht, den zerdrückten Brühwürfel einrühren und 15 Minuten leicht kochen lassen.

6 Von der Kochplatte wegziehen, gehackte Petersilie und saure Sahne hinzufügen; Deckel darauf geben und 5 Minuten ziehen lassen (die Suppe soll dann nicht mehr kochen, da die saure Sahne sonst Flöckchen macht).

Maissuppe nach dem Rezept von Oma Bär

Zutaten für  Bären

300 g Mais
½ l Suppe
3/8 l Milch
1 EL Maisstärke
4 TL Sahne
Salz
Pfeffer

35 Minuten

1 Den Mais in einem Sieb unter kaltem Wasser abschwemmen, egal ob er aus der Dose kommt oder tiefgekühlt ist. Hebe einen EL voll Maiskörner zum Dekorieren auf.

2 ½ l Wasser zum Kochen bringen und den zerdrückten Brühwürfel hineinstreuen.

3 Den Mais im Mixer pürieren und in die heiße Suppe rühren.
10 Minuten leicht köcheln lassen.

4 5 EL Milch in einer kleinen Schüssel mit der Maisstärke verrühren, bis keine Klümpchen mehr da sind.

5 Die restliche Milch in die Suppe gießen, mit Salz und Pfeffer würzen.
Wenn die Suppe wieder heiß ist, die Mischung aus Milch und Maisstärke in die Suppe rühren.

6 In die Mitte jeder Portion einen TL Sahne träufeln und mit einigen Maiskörnern bestreuen.

Teddys Tomatensuppe "Ruck Zuck"

Zutaten für  Bären

2 kleine Zwiebeln
1 EL Butter
1 l Tomatensaft
Salz, Pfeffer
Oregano
Basilikum
1 TL Zucker
3 EL Kartoffelpulver
1/8 l süße Sahne
1 Scheibe Weißbrot
Öl

25 Minuten

1 Die Zwiebeln sehr klein schneiden.

2 In einem Kochtopf die Butter erhitzen und die Zwiebeln kurz darin anbraten.

3 Den Tomatensaft dazugießen und ca. 10 Minuten köcheln lassen.

4 Das Weißbrot in kleine Würfel schneiden.
In einer kalten Pfanne wenige Tropfen Öl mit einem Stück Küchenpapier verteilen.

5 Die Suppe salzen, pfeffern und mit jeweils einer Messerspitze Oregano und Basilikum würzen.

6 Mit dem Schneebesen erst das Kartoffelpulver und dann die süße Sahne einrühren.

7 Die vorbereitete Pfanne erhitzen und die Brotwürfel kurz darin rösten - die Pfanne dabei öfter schütteln.

8 Auf jede Portion einige Brotwürfel und etwas Basilikum streuen.

Thunfischsalat "Seebär"

Zutaten für  Bären

2 Dosen Thunfisch in Öl
4 Tomaten
1 gelber Paprika
1 grüner Paprika
1 Zwiebel
4 EL Olivenöl
4 EL Essig
½ TL Senf
Salz, Pfeffer
Basilikum
4 Scheiben Toastbrot
1 hartgekochtes Ei

45 Minuten

1 Thunfisch in einem Sieb abtropfen lassen und in kleine Stücke teilen.

2 Tomaten, Zwiebel und Paprika kleinschneiden und mit dem Thunfisch vermengen.

3 Essig, Öl, Senf und die Gewürze mit 4 EL Wasser zu einer gleichmäßigen Marinade verquirlen.

4 Marinade über den Thunfisch und das Gemüse gießen.

5 Gut vermengen und auf 4 Teller anrichten. Jede Portion mit einem Stück Ei garnieren.

6 Die Toastbrotscheiben rösten und diagonal durchschneiden, so daß je zwei Dreiecke entstehen.

Nudelsalat für den Bärenhunger

Zutaten für  Bären

250 g Hörnchen oder Spiralnudeln
6 EL Majonäse
1 TL Senf
1 EL Essig
1 Zwiebel
2 Essiggurken
150 g Schinkenwurst
3 EL Erbsen
6 Cocktailtomaten
1 Bund Radieschen
Salz, Pfeffer

30 Minuten

1 Die Nudeln nach der Anleitung auf der Packung kochen, in ein Sieb gießen und abkühlen lassen.

2 Die Zwiebeln schälen und in Würfel schneiden.

Die Radieschen waschen und in Scheiben schneiden.

Die Schinkenwurst in Würfel schneiden.

Die Essiggurken in möglichst kleine Würfel schneiden oder sogar mit dem Wiegemesser zerkleinern.

Die Cocktailtomaten waschen und halbieren.

Die Erbsen mit kaltem Wasser abschwemmen.

3 In einer kleinen Schüssel die Majonäse mit Senf, Essig, Pfeffer und Salz verquirlen.

4 In einer großen Schüssel die Nudeln mit dem Gemüse und der Wurst vermengen.
Erst dann die Sauce darübergießen und das Ganze vorsichtig durchrühren, bis diese gleichmäßig verteilt ist.

5 Wenn es sich mit der Zeit ausgeht, sollte der Salat vor dem Servieren eine Stunde lang durchziehen.

Chinasalat, wie er Cousin Panda schmeckt

Zutaten für  Bären

2 EL gehackte Haselnüsse
½ Chinakohl
½ Zitrone
1 EL Essig
1 TL Zucker
1 roter Apfel
2 Kiwis
Salz

20 Minuten

1 Den Chinakohl der Länge nach durchschneiden. Den Strunk und unschöne Blätter entfernen.

2 Den Chinakohl ungefähr in 1 cm breite Streifen schneiden und in einem Sieb gut durchwaschen.
Dabei nicht zu fest andrücken!

3 In einer kleinen Schüssel den Saft der halben Zitrone mit dem Zucker und zwei EL Wasser verrühren. Den Essig dazugeben, salzen und noch einmal gut durchmischen.

4 Die Chinakohlstreifen gut abgetropft in eine Schüssel geben, die Marinade darübergießen und gut durchmischen.

5 Den Apfel waschen, in Spalten schneiden und das Kerngehäuse entfernen.
Die Apfelspalten in kleine Würfel schneiden und sofort mit dem Salat vermengen.
Es ist wichtig, dass die Apfelwürfel schnell in den Salat kommen – der Zitronensaft in der Marinade verhindert, dass der Apfel braun wird.

6 Die Kiwis schälen, halbieren und in Scheiben schneiden. Zusammen mit den gehackten Haselnüssen unter den Salat mischen und gleich servieren.

Essbare Domino-steine

Zutaten für  Bären

6 Scheiben Toastbrot
6 Scheiben Käse
1 Paar Würstchen
2 Blätter Schinken
Butter
Salz

30 Minuten

Anstelle von Würstchen und Schinken kannst du auch halbe Cocktailtomaten und Paprikastreifen nehmen.

1 Den Backofen auf 200 Grad einschalten.

2 Die Toastbrotscheiben dünn mit Butter bestreichen und mit Käse belegen.

3 Anschließend leicht salzen, halbieren und auf ein Backblech verteilen.

4 Den Schinken in schmale Streifen schneiden und als Mittellinie auf die nun länglichen Toasts legen.

5 Die Würstchen in dünne Scheiben schneiden und als Punkte auflegen.

6 Das Backblech mit den Toasts in den Backofen schieben und ungefähr 10 Minuten überbacken (die Dominosteine sind fertig, wenn der Käse geschmolzen ist).

7 Mit Ketchup und Majonäse servieren.

Original amerikanische Bärenburger

Zutaten für  Bären

400 g Hackfleisch vom Rind
1 kleine Zwiebel
2 Tomaten
2 EL Butter
3 EL Mineralwasser
4 Hamburgerbrötchen
4 Scheiben Käse
Pfeffer
Salz
4 TL milder Senf
4 Salatblätter

30 Minuten

1. Das Hackfleisch mit Pfeffer, Salz und dem Mineralwasser in einer Schüssel gut mischen.
(Am besten mit einer Gabel durchdrücken.)

2. Aus dem Fleischteig vier gleich große Kugeln formen und flachdrücken, so daß sie ca. 2 cm dick sind.

3. Die Butter in einer Pfanne zerlaufen lassen und die Hamburger bei mittlerer Hitze von jeder Seite etwa 4 Minuten braten. In einer Pfanne dürfen die Hamburger nicht mehr flachgedrückt werden, da sie sonst zuviel Flüssigkeit verlieren und hart werden.

4. Die Zwiebeln schälen und in dünne Scheiben schneiden.
Die Tomaten waschen und in Scheiben schneiden.

5. Die Brötchen waagerecht teilen und die Schnittflächen mit Senf bestreichen.

6. Jetzt kommen auf die Brötchen alle Zutaten in dieser Reihenfolge:
ein Salatblatt,
ein Hamburger,
eine Käsescheibe,
Tomatenscheiben,
Zwiebelringe.

7. Zum Schluß die obere Brötchenhälfte darauflegen und gleich servieren, damit der Hamburger nicht zu sehr abkühlt.

Teddys Käse-schnitten

Zutaten für  Bären

250 g Mehl
1 ½ TL Backpulver
¼ EL Salz
½ EL Senfpulver
25 g Butter
5 Ecken Streichkäse
150 ml Milch
125 g geriebener Käse
1 Schale Salatkresse

40 Minuten

1 Den Backofen auf 220 Grad vorheizen. Mehl, Backpulver, Salz, Pfeffer und Senf in einer Schüssel vermengen.

2 Butter in kleinen Stückchen, Milch und drei Ecken Streichkäse hinzufügen. Mit dem Mixer so lange kneten, bis ein glatter Teig entsteht.

3 Den Teig zu einer etwa 20 x 20 cm großen Fläche ausrollen und in vier gleich große Teile schneiden.

4 Die Teigstücke auf ein mit etwas Öl bestrichenes Backblech legen. Mit Milch bepinseln und geriebenen Käse darüberstreuen.

5 Nach 10 bis 15 Minuten im Backofen sind die Käseschnitten fertig. Die Schnitten nun wie Brötchen aufschneiden.

6 Den restlichen Streichkäse auf die unteren Hälften streichen, mit etwas Salatkresse bestreuen und den Deckel darauflegen.

Schmeckt heiß genausogut wie kalt!

1

2

3

4

6

5

Bärenbrot mit Erdnuss-geschmack

Zutaten für  Bären

1 französisches Baguette
250 g Erdnussbutter
250 g gehackte Erdnüsse

25 Minuten

1 Den Backofen auf 200 Grad einschalten.

2 Das Baguette in zwei Hälften schneiden, damit es in den Backofen paßt.

3 Die beiden Hälften jeweils in ungefähr fingerdicke Scheiben teilen, aber nicht ganz durchschneiden! Es ist wichtig, dass die Scheiben an der Unterkante noch zusammenhängen!

4 Alle Schnittflächen nun dick mit Erdnussbutter bestreichen.

Achte darauf, dass die Erdnussbutter nicht direkt aus dem Kühlschrank kommt, sonst ist sie nur schwer zu verstreichen und das Brot könnte brechen.

4

5 In die Zwischenräume etwas von den gehackten Erdnüssen streuen.

6 Die beiden Hälften vorsichtig auf ein Backblech legen, so dass die Scheiben nicht auseinanderbrechen.

7 Etwa 15 Minuten lang backen - wenn die Kruste knusprig braun aussieht, ist das Bärenbrot fertig.

Schinkenaufstrich für die Bärenjause

Zutaten für  Bären

250 g Schinken
250 g Quark
1 EL Meerrettich
aus der Tube
1 TL Senf
1 Bund Petersilie
2 EL Butter
4 schöne Salatblätter
2 Cocktailtomaten
Salz, Pfeffer
Majoran

20 Minuten

1 Den Schinken in kleine Würfel schneiden und anschließend im Küchenmixer zerkleinern.
Wenn er schon recht fein gehackt ist, füge einen EL Quark hinzu und mixe weiter, bis ein richtiges Püree entsteht.
(Den Schinken am besten schon geschnitten kaufen, dann dauert das Zerkleinern nicht so lange.)

2 Die Petersilie waschen und mit dem Wiegemesser fein hacken. Hebe vier schöne Blätter zum Dekorieren auf.

3 Das Schinkenpüree mit dem Quark, der Butter, dem Meerrettich und der feingehackten Petersilie gut verrühren.
(Achte darauf, dass du die Butter rechtzeitig aus dem Kühlschrank nimmst. Wenn sie sich erwärmt hat, wird sie weich und lässt sich leichter mit den anderen Zutaten verrühren.)

4 Die Masse mit Salz, Pfeffer und Majoran würzen und wieder gut verrühren, damit die Gewürze gleichmäßig verteilt sind.

5 Lege nun auf vier kleine Teller je ein Salatblatt und verteile darauf jeweils die gleiche Menge vom Aufstrich.
Die Cocktailtomaten waschen, halbieren und jede Portion mit einer halben Cocktailtomate und einem Blättchen Petersilie verzieren.

Würstchen im Bärenkostüm

Zutaten für  Bären

1 Packung tiefgekühlter Blätterteig (300 g)
4 Bockwürste
2 Scheiben Käse
4 Scheiben Speck
1 Eigelb
4 EL Tomatenketchup
4 EL Senf

50 Minuten

1 Den Blätterteig nach der Anleitung auf der Packung auftauen.
Den Backofen auf 200 Grad vorheizen.

2 Die vier Teigscheiben mit dem Nudelholz ausrollen, bis sie ungefähr 15 x 15 cm groß und möglichst quadratisch sind.
Von jeder Teigscheibe einen ca. 1 cm breiten Streifen abschneiden.
Aus diesem Teig werden die Pfoten und die Ohren geformt.

3 Die Teigscheiben mit je einem Löffel Ketchup bestreichen.

4 Die Würstchen der Länge nach einschneiden und mit Senf ausstreichen.
Vorsicht! Nicht zu tief schneiden, die Hälften sollen zusammenhängend bleiben.
Den Käse in dünne Streifen schneiden und in die Würstchen legen.

5 Die gefüllten Würstchen mit Speck umwickeln und an den Rand der Teigstücke legen. Vorsichtig in den Teig einrollen und die Enden leicht zudrücken, so dass nichts mehr herausfallen kann.

6 Das Backblech mit Backpapier belegen und die Teigrollen darauflegen. Aus den zur Seite gelegten Teigstreifen nun je vier Pfoten und zwei Ohren formen und an die Teigrollen drücken. Mit dem Eigelb bestreichen und 20 Minuten backen.

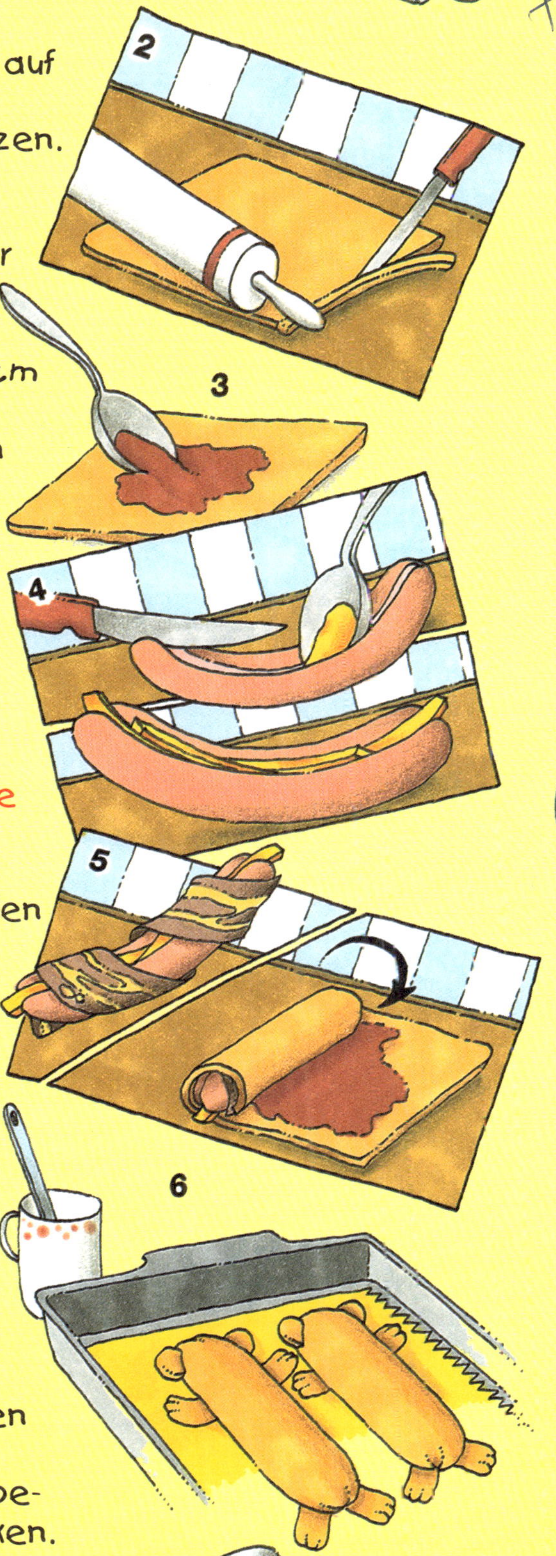

So kocht Teddy "Fischeier"

Zutaten für  Bären

4 Eier
1 EL Senf
2 Sardellenfilets
½ Bund Petersilie
2 EL saure Sahne
Salz, Pfeffer
1 EL Majonäse
1 EL Joghurt

25 Minuten

1 In einem mittelgroßen Kochtopf ca. 1 l Wasser zum Kochen bringen. Die Eier am runden Ende anstechen, damit sie im heißen Wasser nicht aufplatzen, und mit einem Löffel vorsichtig ins Wasser legen.

2 Je nach Größe sind die Eier nach zehn bis fünfzehn Minuten hartgekocht. Das heiße Wasser abgießen (Vorsicht – heißer Dampf!) und kaltes Wasser über die Eier laufen lassen.
Sie kühlen dadurch nicht nur schneller ab, sondern lassen sich auch leichter aus der Schale lösen.

3 Die Eier pellen und der Länge nach halbieren.
Mit einem kleinen Löffel die Dotter herauslösen, in eine Schüssel legen und mit einer Gabel zerdrücken.

4 Die Petersilie waschen, sehr fein hacken und zu den Eidottern geben.

5 Die Sardellenfilets klein hacken und ebenfalls zu den Dottern geben.

6 Senf, saure Sahne, Majonäse und Joghurt hinzufügen, salzen und pfeffern. Die Zutaten nun entweder mit der Gabel gut durchdrücken oder noch besser mit einem Mixer verrühren.

7 Die Masse mit zwei kleinen Löffeln in die hohlen Eier füllen. Auf jeden Teller ein Salatblatt legen und die Eier darauf anrichten.

Teddys Pfannkuchen mit Pilzen

Zutaten für  Bären

100 g frische Champignons
4 Eier
3 EL Milch
2 TL Mehl
2 EL Butter
Salz
3 Cocktailtomaten
frische Petersilie

30 Minuten

1. Die Eier am Schüsselrand aufschlagen und in die Schüssel geben.
Mehl, Milch und Salz hinzufügen und mit dem Mixer gut verrühren.

2. Pilze waschen, den Stiel wegschneiden und die Köpfe in Scheiben schneiden.

3. In einer Pfanne 1 EL Butter zerlaufen lassen und die Pilze darin braten, bis sie appetitlich braun sind - oft umrühren!

4. Pilze ein wenig abkühlen lassen und mit dem Teig in der Rührschüssel vermengen.

5. Erneut 1 EL Butter in der Pfanne erhitzen, den Teig mit den Pilzen hineingießen und schwenken, damit sich die Pilzstücke gut verteilen.

6. Wenn der Teig an der Oberfläche nicht mehr flüssig ist, wird der Pfannkuchen gewendet und weitergebraten, bis er hellbraun ist.

7. Vor dem Servieren mit den halbierten Cocktailtomaten garnieren und mit der gehackten Petersilie bestreuen.

Teddys Spaghetti mit Basilikum

Zutaten für  Bären

200 g Spaghetti
½ l Tomatenmus
1 EL Butter
4 EL Olivenöl
½ TL Salz
Pfeffer
1 Knoblauchzehe
frisches Basilikum
Parmesan

30 Minuten

1 Ca. 4 l Wasser in einem sehr großen Topf wärmen, Salz und Öl in das kochende Wasser geben.

2 Spaghetti ins Wasser legen, öfter umrühren und nach ca. 8 Minuten probieren, ob sie schon "al dente" sind (das heißt wörtlich übersetzt "zum Beißen", also nicht zu weich).

3 Während die Nudeln kochen, in einem Topf etwas Öl erhitzen, den zerdrückten Knoblauch kurz anbraten (darf nicht zu braun werden!) und mit dem Tomatenmus aufgießen.

4 Wenn das Tomatenmus heiß ist (es sollte aber nicht kochen), mit Pfeffer, Salz und den feingehackten Basilikumblättern (ca. 5 Stück) verrühren.

5 Spaghetti in ein Sieb gießen, im heißen Topf die Butter zergehen lassen und mit den gut abgetropften Nudeln verrühren.

6 Die Nudeln auf vier Teller aufteilen, über jede Portion einen Schöpflöffel Sauce geben und mit Parmesan bestreuen.

"Indianer-Kartoffeln" nach Teddys Rezept

Zutaten für  Bären

10 mittelgroße Kartoffeln
1 Bund Schnittlauch
500 g Magerquark
1/8 l Milch
Öl
Salz
Rosmarin

60 Minuten

1 Den Backofen auf 220 Grad einschalten und während der Aufheizzeit die Kartoffeln waschen (am besten in lauwarmen Wasser)
Die gewaschenen Kartoffeln der Länge nach durchschneiden.

2 Auf dem Backblech 1 EL Öl verteilen, die Kartoffeln mit der Schale nach unten darauflegen und die Schnittflächen mit Öl bestreichen.

3 Jede Kartoffel mit ein wenig Salz und Rosmarin bestreuen und das Backblech auf mittlerer Höhe in den Ofen schieben.

4 Den Schnittlauch unter kaltem Wasser kurz abschwemmen und in kleine Röllchen schneiden. Ungefähr einen EL davon zum Garnieren zur Seite legen.

5 Den Quark in einem Sieb abtropfen lassen und anschließend in einer Schüssel mit der Milch, dem Schnittlauch und etwas Salz gut verrühren.

6 Nach 45 Minuten sind die Kartoffeln fertig - jetzt sollte ein Erwachsener helfen, das heiße Backblech aus dem Backofen zu nehmen!

7 Auf jeden Teller gleich viele Kartoffeln legen und einen großen Löffel von dem Schnittlauch-Quark dazugeben. Zum Schluss den verbliebenen Schnittlauch auf den Tellerrand streuen, damit es besonders hübsch aussieht.

Bärige Kartoffelpuffer

Zutaten für  Bären

6 große Kartoffeln
1 Ei
2 EL Mehl
4 EL Milch
Öl
Salz

30 Minuten

Wer es gerne würzig mag, fügt dem Teig zwei frischgepresste Knoblauchzehen hinzu.

1 Die Kartoffeln waschen, schälen und fein raspeln.

2 In einer Schüssel die geraspelten Kartoffeln mit dem Ei, dem Mehl, der Milch und etwas Salz gut verrühren.

3 In einer großen Pfanne 2 EL Öl erhitzen und kleine Portionen von dem Teig darin braten. Für einen Puffer genügt die Teigmenge, die auf einen Esslöffel passt.

4 Jedes Teighäufchen wird sofort, wenn es im heißen Öl liegt, mit einem Pfannenheber flachgedrückt.
Wenn die Puffer ca. 1 cm hoch sind, werden sie innen gar, bevor sie außen zu dunkel geraten.

5 Sobald die Unterseite goldbraun ist, werden die Puffer gewendet und auf der anderen Seite gebraten, bis auch diese knusprig braun ist.

Spinatnudeln nach Brummbärenart

Zutaten für  Bären

1 Packung Cremespinat (450 g)
250 g Mehl
2 Eier
Salz
Muskatnuss
1 EL Butter
4 EL geriebener Käse

50 Minuten

1 Den Spinat auftauen lassen.

2 In einem großen Kochtopf ca. 3 l Wasser zum Kochen bringen.

3 In einer Schüssel die Eier mit einem Schneebesen verrühren.
Den Spinat, das Mehl und die Gewürze hinzufügen und alles gut vermengen.

4 Das kochende Wasser leicht salzen und den Teig durch ein grobes Sieb streichen, so dass die Nudeln direkt ins Wasser fallen.

5 Die Nudeln sinken im Kochwasser erst nach unten und steigen nach wenigen Minuten wieder auf.
Wenn sie an der Wasseroberfläche schwimmen, sind sie fertig.

6 Die fertigen Nudeln durch ein Sieb abgießen.
Während sie abtropfen, im Kochtopf die Butter zerlassen und die Nudeln kurz darin schwenken.
Auf vier Teller anrichten und mit geriebenem Käse bestreuen.

Putenspieße "Meister Petz"

Zutaten für  Bären

8 Holzspießchen
400 g Putenbrust
8 Champignons
8 kleine Tomaten
1 roter Paprika
8 Perlzwiebelchen
4 EL Olivenöl
1 Knoblauchzehe
Salz
Majoran

45 Minuten

1 Das Fleisch in Würfel schneiden. (Die Stücke sollen ungefähr so groß wie die kleinen Tomaten sein.)

Die Tomaten waschen und halbieren.

Die Champignons putzen, den Stiel abschneiden und die Köpfe halbieren.

Den Paprika in Spalten schneiden, die Kerne entfernen, waschen und in Stücke schneiden. (Die Stücke sollen wieder ungefähr so groß wie die kleinen Tomaten sein.)

Die Perlzwiebelchen abtropfen lassen.

2 In einem Kännchen das Öl mit Salz, Majoran und dem gepressten Knoblauch verrühren.

3 Die geschnittenen Zutaten abwechselnd auf die Spießchen stecken.

Ein Tip: Lege auf die Arbeitsfläche eine dicke, rohe Kartoffelscheibe. Darauf lege das Stück, das du aufspießen willst. Nun kannst du die Teile durchstechen, ohne dich mit der Spießspitze zu verletzen.

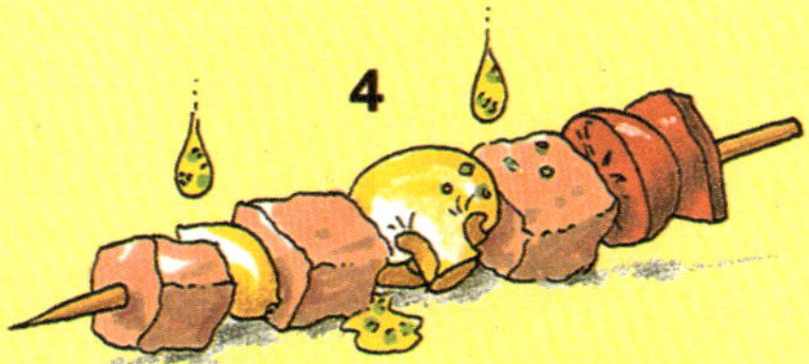

4 Die fertigen Spieße mit dem gewürzten Öl beträufeln.

5 In einer Pfanne etwas Öl erhitzen und die Spieße bei mittlerer Hitze rundum knusprig braun braten.

Bärenschnitzel mit Käse und Kartoffelpüree

Zutaten für  Bären

1 Packung Kartoffelpüree
750 g Hackfleisch
100 g Emmentaler
2 Eier
1 Bund Petersilie
100 g Paniermehl
Salz
Pfeffer
Öl

40 Minuten

1 Den Käse in kleine Würfel schneiden.

2 Die Petersilie waschen und mit dem Wiegemesser fein hacken.

3 Hackfleisch, Käse, Paniermehl und Eier in einer Schüssel gut vermengen. (Am leichtesten lässt sich Fleischteig mit frischgewaschenen Händen vermengen. Aber vorsichtig: nicht zu fest kneten!)

4 Dem Fleischteig die Petersilie zufügen, salzen, pfeffern und wieder gut durchmischen.

5 Den Teig in acht gleiche Portionen teilen und flache Burger formen.

6 In einer Pfanne etwas Öl erhitzen und die Laibchen langsam (also nicht bei zu großer Hitze) von beiden Seiten anbraten.

7 Währenddessen das Kartoffelpüree nach der Gebrauchsanweisung auf der Packung zubereiten.

Damit die Portionen auf dem Teller nicht langweilig aussehen, kann man mit den verschiedensten Dingen dekorieren, z.B. mit Tomatenspalten, Salatblättern, Gewürzgurken in Scheibchen, Perlzwiebelchen...

Wurzelgemüse "Bärenwald"

Zutaten für  Bären

400 g dicke Petersilienwurzeln
400 g Möhren
60 g Butter
1 EL Honig
½ Brühwürfel
1 Bund Petersilie
Salz
Pfeffer

40 Minuten

1 Möhren und Petersilienwurzeln waschen und mit dem Gemüseschäler putzen.

2 Die Möhren in Scheiben schneiden, und die Petersilienwurzeln in kleine Würfel teilen.

3 In einem Kochtopf die Butter erhitzen, bis sie zu schäumen beginnt, und den Honig einrühren - achte darauf, dass die Hitze nicht zu groß ist, sonst wird die Butter schnell braun.

4 Das Gemüse in den Kochtopf leeren und "anschwitzen" lassen (bei mittlerer Hitze anbraten).

5 Währenddessen ca. ¼ l Wasser zum Kochen bringen und den zerdrückten Brühwürfel einrühren.

6 Das Gemüse mit der Suppe aufgießen und zugedeckt zehn Minuten köcheln lassen.

7 Die Petersilie waschen und fein hacken (eventuell mit dem Wiegemesser).

8 Das Gemüse pfeffern, salzen und die Petersilie hinzufügen.

Gut durchmischen und nochmals 5 Minuten kochen lassen. Diesmal aber ohne Deckel, damit ein Teil der Flüssigkeit verdampft und die Sauce etwas dicker wird.

Teddys gefüllte Tomaten

Zutaten für  Bären

4 große Tomaten
2 Knoblauchzehen
1 Bund Petersilie
4 EL Paniermehl
1 Eigelb
3 EL Olivenöl
Salz
Pfeffer
1 TL Thymian
1 TL Oregano

45 Minuten

Wer gerne Käse mag, kann die gefüllten Tomaten mit geraspeltem Käse bestreuen, bevor sie in den Backofen kommen.

1 Den Backofen auf 220 Grad vorheizen. Die Tomaten waschen und in der Mitte quer durchschneiden.
Damit die Tomatenhälften liegen bleiben, kannst du entweder die Rundung an der Unterseite abschneiden oder Ringe aus Folie formen, auf welche du die Tomaten setzt.

2 Die Knoblauchzehen schälen und durch die Presse in eine Schüssel drücken.

3 Die Petersilie waschen, fein hacken und mit dem Paniermehl zum Knoblauch in die Schüssel geben. Gut vermengen.

4 Das Eigelb und das Olivenöl hinzufügen und so lange rühren, bis ein gleichmäßiger Teig entsteht. (Die Anleitung, wie man das Eigelb vom Eiklar trennt, findest du im Rezept "Teddys weiße Mäuse".)
Falls der Teig zu krümelig, also trocken ist, gib noch einen EL Olivenöl dazu.

5 Salzen, pfeffern und mit Thymian und Oregano kräftig würzen.

6 Die Tomatenhälften in eine Auflaufform setzen und den Teig mit einem kleinen Löffel zu gleichen Teilen auf die Tomatenhälften verteilen.

7 20 Minuten lang überbacken.

Nussnudeln für Jungbären

Zutaten für  Bären

200 g Doppelrahmfrischkäse
100 g Walnüsse, gehackt
1 EL Zitronensaft
1 Bund Petersilie
500 g Rigatoni
1 TL Thymian
2 EL Butter
0,2 l Sahne
1 Zwiebel
Salz
Pfeffer

40 Minuten

1 Die Rigatoni laut Anleitung auf der Packung in ausreichend Salzwasser kochen.

2 In der Zwischenzeit die Petersilie waschen und fein hacken. Lege einige besonders schöne Blätter zur Seite. Du kannst sie später zum Dekorieren brauchen. Die Zwiebeln schälen und in möglichst kleine Würfelchen schneiden.

3 In einem Kochtopf die Butter erhitzen und die Zwiebelwürfel bei mittlerer Hitze "glasig" dünsten. (Sie sollen nicht braun, sondern leicht durchsichtig, also glasig werden.)

4 Die gehackten Nüsse, den Frischkäse und die Sahne zufügen und gut verrühren. Etwa 5 Minuten lang leicht köcheln lassen.

5 Salzen, pfeffern und mit Thymian und Zitronensaft würzen. Zuletzt die gehackte Petersilie untermischen.

6

6 Die gut abgetropften Nudeln auf vier Teller verteilen und auf jede Portion gleich viel von der Sauce geben.

Die Portionen mit den Petersilienblättern verzieren. Besonders hübsch sieht es aus, wenn du auf jede Portion noch eine halbe Walnuss legst oder auf den Tellerrand etwas von der gehackten Petersilie streust.

Süßer Toast "Burg Bärenstein"

Zutaten für  Bären

8 Scheiben Toastbrot
2 Eier
½ l Milch
100 g Paniermehl
Öl
Salz
Obst (beliebig)
Zimt
Puderzucker

45 Minuten

1 Die Eier in einer Schüssel schlagen, salzen und mit der Milch verquirlen.

2 In einer Pfanne jetzt schon das Öl erhitzen.

3 In die "Eiermilch" die Toastscheiben legen, bis sie gut vollgesogen sind. Nicht zu lange warten - sonst wird das Brot weich und zerfällt!

2

4 Anschließend vorsichtig im Paniermehl wenden - mit viel Gefühl, das nasse Brot reißt leicht!

5 Die Toastscheiben gleich in die Pfanne legen und von beiden Seiten braten, bis sie knusprig braun sind.

6 Wenn die Toasts auf dem Teller liegen, noch mit Puderzucker und ein wenig Zimt bestreuen, mit Obststückchen dekorieren.

5

Heiße Honigbärennussrosinenäpfel

Zutaten für  Bären

4 EL gehackte Haselnüsse
4 große Äpfel
1 EL Rosinen
2 EL Honig
250 g Sahne
Butter

50 Minuten

1 Die Äpfel waschen und polieren. Das Kerngehäuse mit einem Apfelstecher entfernen. Das geht aber auch mit einem kleinen Messer.
Dabei sollte dir aber ein Erwachsener helfen!

2 Den Backofen auf 220 Grad vorheizen. Während der Aufheizzeit in einer Schüssel die Haselnüsse, die Rosinen, den Honig und 4 EL Sahne vermengen.
(Hebe 4 Rosinen zum Dekorieren auf.)

3 Die hohlen Äpfel mit der Nussmasse füllen.
Eine Auflaufform mit Butter bestreichen und die Äpfel hineinlegen.

4 Die restliche Sahne mit dem Mixer steif schlagen.

5 Nach 20 Minuten im Backofen sind die Äpfel fertig. Jeden Apfel auf einen kleinen Teller legen und erst dann mit einem Häubchen aus Schlagsahne versehen.

Abschließend mit je einer Rosine verzieren und heiß servieren.

"Erdbär"eisteller für Leckermäuler

Zutaten für  Bären

500 g Erdbeeren
200 g Maraschino
50 g Marzipan-Rohmasse
1 EL Zitronensaft
4 Kugeln Vanilleeis
1 EL gehackte Pistazien
4 Waffeln

50 Minuten

1. Erdbeeren säubern, waschen und gut abtropfen lassen.

2. Die Erdbeeren mit dem Zitronensaft, dem Marzipan und dem Maraschino im Mixer pürieren.

   Hebe 4 große Erdbeeren zum Dekorieren auf.

3. Die Erbeercreme auf vier Teller verteilen.

4. Die vier restlichen Erdbeeren in Scheiben schneiden und am Tellerrand auflegen.

5. Auf jeden Teller eine Eiskugel legen.

6. Eine Waffel in jede Eiskugel stecken und mit den gehackten Pistazien bestreuen.

1

2

3

4

5

Süße "Bären-Lasagne"

Zutaten für  Bären

6 alte Brötchen (nicht zu hart)
500 g Äpfel
100 g Zucker
30 g Rosinen
3 Eier
¼ l Milch
1 KL Zimt

50 Minuten

1 Den Backofen auf 100 Grad erhitzen.
Während der Aufheizzeit die Brötchen in Scheiben schneiden und auf ein Backblech legen. So lange im Backofen rösten, bis sie knusprig braun sind.

2 Danach die Temperatur im Backofen auf 180 Grad erhöhen. Die Äpfel schälen, vierteln und das Kerngehäuse entfernen. Die Apfelstücke nun in Scheiben schneiden.

3 Bestreiche eine Backform mit Butter und lege erst eine Lage Brötchenscheiben, dann eine Lage Apfelscheiben hinein.

3

4 Darüber streue ein wenig Zimt, Zucker und Rosinen.
Je nach Größe der Backform kommt jetzt noch einmal eine Lage Brötchenscheiben, ...
Als letzte Schicht ganz oben sollen auf jeden Fall Brötchenscheiben liegen.

5

5 In einer Schüssel die Eier mit der Milch verquirlen und über die Zutaten in der Backform gießen.

6 Nach 45 Minuten im Backofen hat die "Bären-Lasagne" eine goldbraune Kruste und ist fertig.

Teddys weiße Mäuse

Zutaten für  Bären

Rote Lakritze oder Himbeerschnur
36 farbige Liebesperlen
24 halbierte Mandeln
125 g Zucker
2 Eiweiß

Vorbereitung
60 Minuten

Backzeit
2 Stunden

1 Den Backofen auf 110 Grad vorheizen.

Die Eier an einem Schüsselrand aufschlagen und das Eiklar vom Dotter trennen.
Dazu lässt man den Dotter über einer Schüssel öfter von einer Schalenhälfte in die andere gleiten, dabei läuft das Eiklar über und rinnt in die Schüssel.

2 Das Eiklar mit dem Mixer schlagen, bis es steif ist. Den Zucker löffelweise untermischen und immer weiter mixen, bis die Masse eingedickt ist.

3 Die Masse in einen Spritzbeutel füllen und eine Tülle mit einer etwa 1 cm großen Öffnung aufsetzen.

4 Das Backblech mit Backpapier belegen und 12 tropfenförmige Portionen daraufspritzen.

5 Die Liebesperlen als Augen und Nasen leicht andrücken und die halbierten Mandeln als Ohren in den Kopf stecken.

6 Die Mäuse 2 Stunden lang bei nur 110 Grad backen.

7 Zum Schluß vorsichtig mit einem Spieß ein kleines Loch ins dicke, hintere Ende der Mäuse bohren und die Schwänze anbringen.

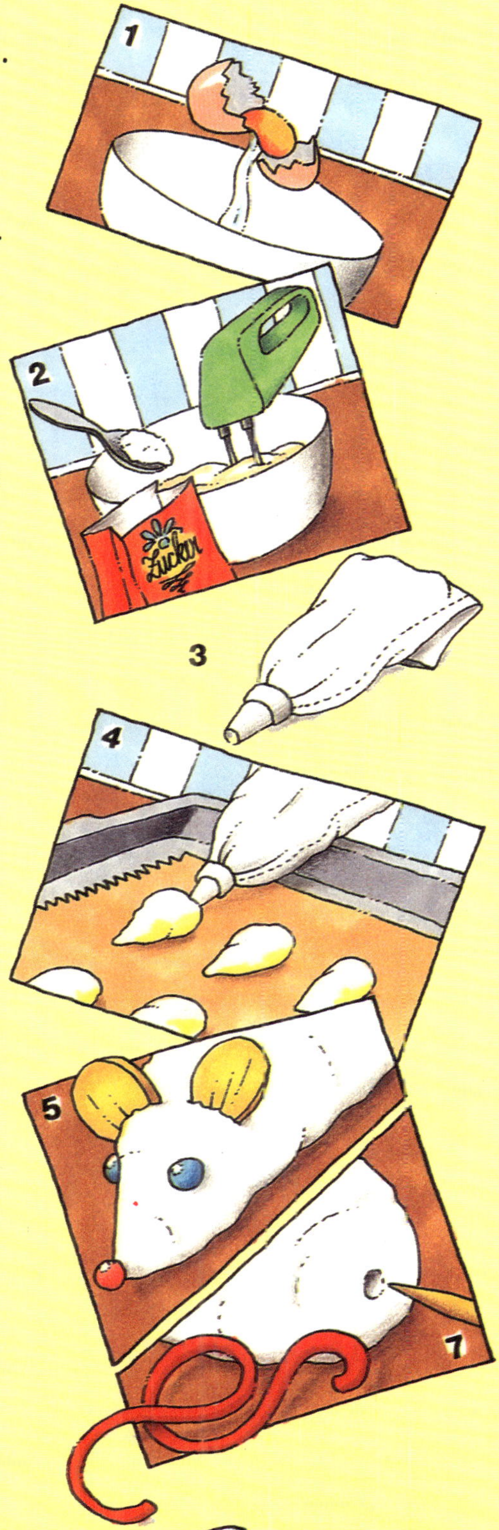

Haselnussplätzchen "Bärenglück"

Zutaten für  Bären

50 g gehackte Haselnusskerne
2 Eier
85 g Zucker
60 g Mehl

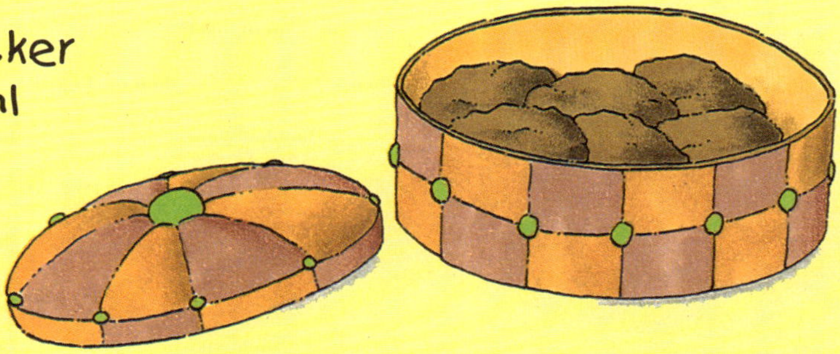

20 Minuten

1 Den Backofen auf 200 Grad vorheizen.

Die Eier in eine Schüssel schlagen und mit einem Schneebesen leicht verrühren.

2 Den Zucker dazu geben und so lange rühren, bis der Zucker nicht mehr knirscht - sich also aufgelöst hat.

3 Das Mehl hinzufügen und verrühren, bis ein glatter Teig entsteht.

4 Die gehackten Haselnüsse zum Teig geben und verrühren, bis sie gleichmäßig verteilt sind.

5 Das Backblech mit Backpapier belegen. Mit zwei kleinen Löffeln gleich große Teighäufchen darauf setzen. Achte darauf, dass die Teighäufchen nicht zu groß sind und dass sie weit voneinander entfernt sind, da sie noch etwas auseinanderfließen.

6 Schiebe das Backblech in den Backofen. Die Plätzchen sind fertig, wenn sie nach sechs bis sieben Minuten eine knusprig hellbraune Farbe angenommen haben.

7 Löse sie mit einem Pfannenheber vom Backpapier und lege sie zum Abkühlen auf ein Küchengitter.

Lege sie erst in eine Keksdose, wenn sie vollständig ausgekühlt sind.

Das liebt der Eisbär: "Copa Banana"

Zutaten für  Bären

2 große reife Bananen
2 EL Zitronensaft
2 EL Zucker
2 EL Schokoflocken
1 l Milch
4 EL Vanilleeis

20 Minuten

Zum Ausprobieren:

- Eine Prise Zimt dazu
- Mit Mandelstiften bestreuen
- Sahne oben drauf

1 Die Bananen schälen und in Scheiben schneiden. Vier Bananenscheiben zum Dekorieren weglegen.

2 Die restlichen Scheiben in eine Rührschüssel geben, mit dem Zitronensaft betreufeln und mit Zucker bestreuen.

3 Die Bananenscheiben mit einer Gabel grob zerdrücken.

4 Etwa ein Viertel der kalten Milch über den Bananenbrei gießen.
Mit dem Mixer (erst auf einer niedrigen Stufe) so lange verquirlen, bis ein dünner Brei entsteht, in dem keine Bananenstückchen mehr zu sehen sind.

5 Die restliche Milch dazu geben und gerade so lange weitermixen, bis alles gut durchgemischt ist.

6 In jedes Glas einen großen Löffel Vanilleeis geben.

7 Die Gläser nun mit der Bananenmilch aufgießen. Gehe dabei sehr behutsam vor! Das Eis schwimmt manchmal ganz plötzlich nach oben, so dass die Bananenmilch leicht überschwappen würde.

8 Bestreue nun jede Portion mit etwas Schokoflocken und verziere sie mit je einer Bananenscheibe und einem Trinkhalm.
Lege zu jedem Glas einen kleinen Löffel.

Meine Lieblingsrezepte

Wenn du dein Rezept an die TEDDY-Kochbuchredaktion, p.A. Tosa Verlag, 1091 Wien, Alser Straße 24, schickst, erhältst du als Dankeschön ein kleines Buchgeschenk. Und möglicherweise wird dein Rezept im nächsten Kochbuch mit Teddy abgedruckt.

Erklärung der Abkürzungen

TL = Teelöffel
EL = Esslöffel
KL = Kaffelöffel
l = Liter
ml = Milliliter
g = Gramm

Wir ersuchen um Kenntnisnahme

Alle in diesem Buch enthaltenen Angaben, Mengen, Ergebnisse usw. wurden vom Autor nach besten Wissen und Gewissen erstellt und von ihm und dem Verlag mit größtmöglicher Sorgfalt geprüft. Gleichwohl sind inhaltliche Fehler nicht vollständig auszuschließen. Daher erfolgen die Angaben nur ohne jegliche Verpflichtung oder Garantie des Verlages oder des Autors. Beide übernehmen deshalb keinerlei Verantwortung für etwaige inhaltliche Unrichtigkeiten.